Conni und
Wackelzahn

Eine Geschichte von Liane Schneider
mit Bildern von Annette Steinhauer

CARLSEN

Da wackelt doch was! Oben rechts in Connis Mund.
Der Schneidezahn wackelt! Ganz bestimmt!
Conni probiert es erst mit der Zunge und dann mit dem Finger:
Der Zahn lässt sich wirklich ein bisschen hin- und herbewegen.

Wie kann das sein? Conni putzt ihre Zähne doch immer gründlich. Aufgeregt läuft sie zu Mama. Die fühlt vorsichtig mit dem Zeigefinger nach. Tatsächlich, der Zahn ist locker.

Conni hat Angst, dass der Zahn herausfällt. Muss sie dann wie Oma einen neuen Zahn vom Zahnarzt bekommen? Mama lacht. Sie erklärt, dass Wackelzähne in Connis Alter ganz normal sind. Die Milchzähne fallen aus. Feste bleibende Zähne wachsen nach.
Jetzt fällt Conni ein, dass Emir aus dem Kindergarten auch eine Zahnlücke hat. Durch die kann er sogar pfeifen.

Jeden Tag wackelt Conni an ihrem Zahn.
Auf der Schaukel. Im Kindergarten.
Beim Kuscheln mit Kater Mau. Im Auto.
Beim Spielen mit Jakob.
Und abends, wenn Papa
die Gute-Nacht-Geschichte
vorliest.

Sogar beim Einkauf.
Während Papa die Lebensmittel von der langen Einkaufsliste in den Wagen packt, steht Conni vor jeder spiegelnden Fläche und guckt, wie stark ihr Zahn schon wackelt. Aber er will und will einfach nicht ausfallen.

Auch Jakob ist mit seinen Zähnen beschäftigt. Er bekommt gerade erst Milchzähne. Ständig will er auf etwas herumkauen.

Am Montag hat Jolanda Geburtstag. Sie verteilt selbst gebackene Kekse im Kindergarten. Mmh, sind die lecker!
Doch plötzlich klebt ein Stück vom Keks an Connis Wackelzahn.
Conni kann nicht kauen, ohne dass es am Zahn zieht. Und das tut weh.
Der Zahn steckt im Keks - und leider auch noch ziemlich fest im Mund.
Was nun?

Conni pult vorsichtig
am Zahn herum.
„Du musst ihn drehen,
dann geht er raus“, rät Emir.
Doch dafür ist der Zahn noch
nicht locker genug.

Lars sagt, dass der Zahn
bestimmt ausfällt,
wenn er dagegen haut.
„Spinnst du?“, sagt Conni
und hält sich schnell
die Hand vor den Mund.
So ein blöder Vorschlag!

Julia meint, dass Conni zum Zahnarzt muss. Aber das will Conni nicht.
Bei ihrem letzten Besuch dort hat die Zahnärztin nämlich gesagt,
dass Süßigkeiten nicht gut für die Zähne sind. Recht hat sie.
Klebrige Süßigkeiten sind nicht gut für Wackelzähne!

Katja glaubt, dass der Zahn herausfällt, wenn Conni ganz doll herumhüpft. Sofort rennen alle in den Garten. Doch sosehr Conni mit den anderen auch hüpft, der Zahn fällt nicht raus.
Es fühlt sich nur komisch an beim Springen.

Laura erzählt, dass ihr kleiner Hund auch gerade seine Milchzähne verliert. Er beißt deshalb immer auf ein altes Handtuch und zerrt daran herum. Conni ist neugierig geworden. Haben kleine Hunde auch Milchzähne? Kleine Löwen auch? Sie fragt Hanne.
Die Erzieherin nickt und nimmt
ein Tierbuch aus dem Regal.

Gemeinsam sehen sie sich die Tiere und ihre Zähne an.
Wie niedlich die kleinen Hundewelpen sind! Aber das Gebiss eines großen Hundes kann ganz schön gefährlich aussehen. Conni betrachtet die Löwen und Tiger mit ihren Reißzähnen, die Elefanten mit den großen Stoßzähnen und die vielen spitzen Zähne im Maul eines Hais.
Die wachsen sogar immer wieder nach, nicht nur einmal.

Am Abend putzt Conni vorsichtig ihre Zähne. Bei einem wackeligen Zahn ist Zähneputzen nicht so einfach.
„Warum muss ich eigentlich die Milchzähne putzen, wenn sie doch sowieso ausfallen?“, will Conni wissen.
Mama erklärt, dass die Milchzähne ziemlich lange halten müssen. Den letzten Milchzahn wird Conni erst in sieben oder acht Jahren verlieren.
„Dann bin ich ja schon fast so alt wie du!“, staunt Conni.
„Na ja, nicht ganz“, lächelt Mama.

Ein paar Tage wackelt Conni noch an ihrem Zahn herum.
Jetzt kann sie ihn schon fast mit der Zunge umklappen.
Und dann beim Frühstück passiert es!
Gerade als Conni in ihr Brötchen beißt, fällt der Zahn raus.

Jetzt ist der Zahn ab und es hat gar nicht wehgetan. Conni spuckt ihn aus und guckt erschrocken: Da ist Blut!
Papa beruhigt sie: Das Bluten ist normal und gleich vorbei. Conni soll ihren Mund gründlich mit Wasser ausspülen. Mama spült auch den Zahn sorgfältig ab und gibt ihn Conni.
Jakob darf den Zahn nur von weitem ansehen. Er steckt nämlich immer alles gleich in seinen Mund.

Conni legt den Zahn auf ein Taschentuch zum Trocknen. Dann holt sie eine leere Streichholzschachtel, die sie rundherum mit rotem Buntpapier und kleinen weißen Punkten und Herzen beklebt. Dort hinein bettet sie den Zahn vorsichtig auf ein Stück Watte.

Auf dem Weg zum Kindergarten befühlt Conni immer wieder
ihre Zahnlücke im Mund.
Sie kann sogar die Zunge durch die Lücke schieben.
Im Kindergarten bestaunen alle den ausgefallenen Zahn. Julia sagt,
dass Conni ihn heute Nacht unter ihr Kopfkissen legen muss.
Dann holt die Zahnfee den Zahn und bringt dafür ein Geschenk.
Bei ihrem Bruder war das auch so.

Erwartungsvoll legt Conni am Abend die Schachtel mit dem Zahn unter das Kissen. Sie ist viel zu aufgeregt, um zu schlafen. Immer wieder fühlt sie, ob die kleine Schachtel noch da ist.
Conni wartet und wartet. Aber die Zahnfee kommt nicht.
Vielleicht erscheint sie erst, wenn ein Kind tief schläft, denkt Conni. Sie will einfach so tun und macht die Augen fest zu. Und irgendwann kommt tatsächlich eine Zahnfee ins Zimmer geschwebt. Sie nimmt die Schachtel, legt etwas unter das Kissen und fliegt wieder davon. Zurück bleibt nur ein feiner Duft.

Als Conni von Kater Mau geweckt wird, sieht sie sofort unter ihrem Kissen nach. Doch da liegt nur die kleine Schachtel. Also war die Zahnfee wohl nur ein Traum. Schade! Conni will sich wenigstens ihren Zahn noch mal ansehen. Aber in der Schachtel ist gar kein Zahn. Nein! Darin liegen ein kleines Armband aus weißen Perlen, ein Brief und etwas Feenstaub.

Aufgeregt läuft Conni zu Mama. Die muss gleich den Brief vorlesen:

"Liebe Conni,
danke für deinen Zahn. Putze die Zähne weiter so fleißig, damit deine neuen Zähne genauso schön weiß schimmern wie die Perlen von dem Armband.
Liebe Grüße von deiner Zahnfee"

Conni zieht das Armband an und
dreht sich vor dem Spiegel.
Dann zählt sie, wie viele Zähne sie eigentlich hat. Es sind mehr als 10, vielleicht sogar zwanzig. Da kann die Zahnfee ja noch viele Geschenke bringen! Aber Mama sagt, dass die Fee nur beim ersten Zahn kommt.
Macht nichts! So kann Conni ihre restlichen Wackelzähne in der kleinen Schachtel sammeln.
Jetzt übt sie aber erst mal durch die Zahnlücke zu pfeifen wie Emir.